¿QUÉ PASA CUANDO Los Padres se Divorcian?

COPYRIGHT © 2019 SARA OLSHER
TODOS LOS DERECHOS RESERVADOS.
PUBLICADO POR UNTANGLE BOOKS
UNTANGLEBOOKS.COM

escrito + ilustrado por
SARA OLSHER

Hola, mi nombre es ¡Mia!

Y este es Stuart. Stuart se siente mejor cuando sabe lo que va a pasar todos los días

(En realidad, todos se sienten mejor cuando saben qué va a pasar, ¡incluso los adultos!)

La mayoría de las veces hacemos las mismas cosas en la mañana.
Nos despertamos.

Desayunamos.
(Me gustan las manzanas.
Stuart solo come insectos).

Por lo general, las noches también son iguales.
Nos lavamos los dientes.

Nos ponemos las pijamas y nos vamos a la cama. Todos los días terminan a la hora de ir a dormir.

Pero nuestros días pueden ser diferentes.

¡Algunos días vamos a la escuela, y los días que no vamos es porque es fin de semana!

Cuando algo grande cambia,
lo que hacemos cada día también
puede cambiar.
Stuart quiere saber qué pasa
con nuestros días cuando nuestros
padres se divorcian.

Pero él realmente no entiende
qué es el divorcio, ¿verdad?

El divorcio es cuando los padres
deciden no seguir estar casados
y viven en dos casas diferentes.

Escuchar esto hace que Stuart se ponga triste. Él quiere saber, ¿qué va a pasar con él?

Al principio, el divorcio puede ser confuso o aterrador para los niños. Después de todo, no puedes estar en dos casas al mismo tiempo.

Algunos niños se preocupan de que hayan sido los que causaron el divorcio de sus padres, especialmente si los padres discuten sobre los niños. Los padres no se divorcian por los errores que cometen los niños. El divorcio nunca es culpa de un niño. El divorcio siempre se trata de los problemas entre de los padres, nunca de sus hijos.

¿Hice algo malo?

Cuando los padres se divorcian, se mudan a dos casas diferentes, y las cosas cambian para todos en la familia.

¿Qué pasa si la nueva casa es un barco?

A veces, los dos padres tienen un nuevo lugar para vivir, y otras veces solo uno de ellos.

Los niños pasan parte del tiempo en una casa y parte del tiempo en la otra.

¿O una casa de árbol?

¿Que hay de mi? ¿Adonde voy a ir?

Algunos niños pasan la misma cantidad de tiempo con cada padre. Otros niños viven con uno de los padres la mayor parte del tiempo y visitan al otro padre. Cada familia es diferente.

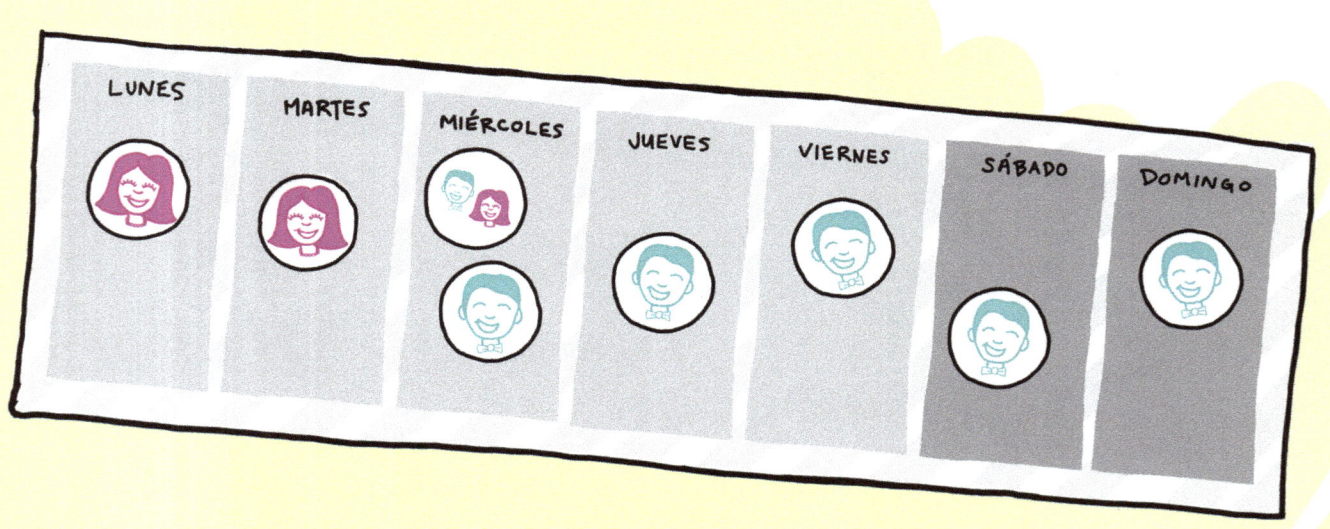

Tus padres pueden usar un calendario para mostrarte cuándo verás a cada uno de ellos.

Algunos días, te vas a dormir en la misma casa en la que te has despertado. Otros días, puedes despertarte en una casa y dormir en la otra.

El divorcio puede hacerte sentir algunos sentimientos realmente grandes. Puede que te enojes, te pongas triste o te preocupes porque ahora es diferente y te preguntas si diferente es algo bueno o algo malo.

Puede ser un poco de ambos.

Hay algunas cosas buenas sobre el divorcio.
Primero, después de un divorcio, los padres no pelean tanto, lo que significa que son más felices y pueden ser más divertidos.

Dos casas también significa que los niños tienen dos habitaciones, juguetes en ambas habitaciones e incluso dos cepillos de dientes,
¡lo cual puede ser divertido!

También hay algunas cosas no tan buenas sobre el divorcio.

Cuando estás con uno de tus padres, puedes extrañar al que no está contigo. Cuando esto suceda, elabora un plan para hablar con ellos por teléfono o verles la cara, y échale un vistazo a tu calendario para ver cuándo los verás de nuevo.

Otra cosa no muy divertida sobre el divorcio es que a veces los padres no se llevan bien. A veces se enojan el uno con el otro y no pueden ponerse de acuerdo en ciertas cosas.

Eso puede ser difícil para los niños y, a veces, puede sentirse como si estuvieras en el medio, lo que no es divertido en lo absoluto. Todos, incluidos tus padres, esperan que eso cambie.

Puede que les lleve un tiempo llevarse bien, pero esperemos que puedan recordar ser amables entre sí.

Cuanto más tiempo estén divorciados los padres, más fácil será para ellos llevarse bien.

Tu familia está pasando por algo difícil en este momento, pero se volverá mucho más fácil.

JUEVES	VIERNES	SÁBADO	DOMINGO

Lamentablemente, no hay nada que puedas hacer para arreglar el matrimonio de tus padres. Tu no causaste el divorcio (eso es imposible) y tampoco puedes detenerlo.

Por un tiempo, puede parecer que tu familia está rota. Pero no está rota, es diferente ahora. Y hay una cosa muy importante que debes recordar:

Incluso si tus padres ya no se aman de la misma manera, siempre te amarán a ti. El amor de un padre por sus hijos es para siempre, y nada de lo que hagas, bueno o malo, puede cambiar eso.

Algunos niños se preocupan por sus padres y
quieren asegurarse de que estén bien.

¡Pero los adultos son adultos! Es su trabajo
cuidar sus sentimientos y ayudarte con los tuyos.

Aunque algunas cosas están cambiando,
muchas cosas seguirán siendo igual.

Todas las mañanas te levantarás y todas las noches te irás a dormir.
Tus padres siempre serán tus padres, y ellos siempre te amarán.

Stuart se siente mucho mejor ahora que sabe qué esperar.
Aunque nuestros días pueden ser diferentes, es útil planificar nuestra semana juntos para que sepamos qué sucederá en el futuro.

Hay muchas cosas divertidas que esperar, como noches de cine, deportes, fechas de partidos, tiempo de manualidades y tiempo especial con cada padre.

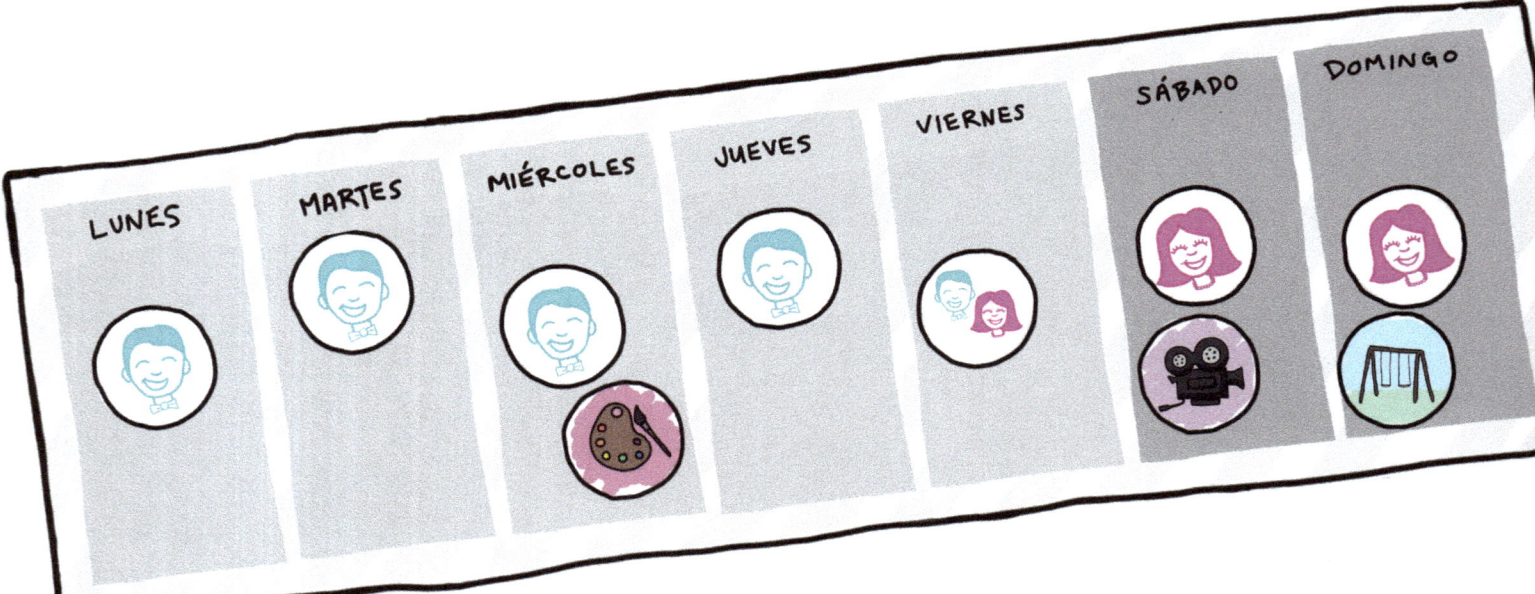

Y recuerda, cuando las cosas se ponen difíciles, es importante compartir cómo te sientes con un adulto. Al planificar un tiempo especial juntos, les brinda un momento en el que saben que está bien hablar de sus sentimientos. . .¡O acerca de algo más!
¡Podemos hacer las cosas difíciles, juntos!

Y no olvides, Stuart... incluso los sentimientos más grandes no duran para siempre.

Más ayuda
Para hacer que el divorcio sea más fácil para los niños

de *mighty + bright*

Tablas Magnéticas Basadas en Décadas de Ciencia

. . . y presentado en POPSUGAR, Reader's Digest y más.

Un divorcio cambia las rutinas de tu familia, lo cual es difícil para los niños. Necesitan saber qué esperar y cuándo, lo que ha demostrado que disminuye sus niveles de ansiedad.

Cada juego viene con suficientes imanes para mostrar la gran mayoría de los horarios de custodia: 5 para cada padre y dos días de "transición", para los días en que intercambia a los niños.

Obtén más información en nuestro sitio web: mightyandbright.com/divorce

Muestra fácilmente a los niños cuándo verán a cada padre y a qué hora. Elegir entre mamá + papá, dos mamás o dos padres.

Muestra fácilmente otros elementos de los horarios de los hijos, como deportes o fechas de partidos.

Muestra citas, días festivos y días escolares.

www.mightyandbright.com/divorce
@mightyandbrightco

www.ingramcontent.com/pod-product-compliance
Lightning Source LLC
Chambersburg PA
CBHW040005040426
42337CB00033B/5235